Inhalt

Online-Werbung - Das Internet behauptet sich immer mehr auf dem Werbemarkt

Kernthesen

Beitrag

Fallbeispiele

Weiterführende Literatur

Impressum

GENIOS WirtschaftsWissen Nr. 10/2005 vom 06.10.2005

Online-Werbung - Das Internet behauptet sich immer mehr auf dem Werbemarkt

E.Krug

Kernthesen

- Aufgrund rekordverdächtiger Umsätze in den ersten sechs Monaten dieses Jahres kann man erkennen, dass das Internet seinen stabilen und mittlerweile für die Zukunft gesicherten Platz im weiten Feld der Werbelandschaft gefunden hat. (1), (2)
- Vor allem Markenartikler bauen auf Online-Werbung, Hersteller schnelldrehender Konsumgüter dagegen zeigen noch Zurückhaltung bei der Wahl des Internets

als Werbemedium. (1), (3), (4)
- Der Stellenwert der Online-Werbung nimmt ständig zu und der Trend geht ganz klar in Richtung Qualität statt Quantität. (1)

Beitrag

Die Web-Werbung befindet sich schon seit einiger Zeit auf Erfolgkurs und zeigte sich im ersten Halbjahr 2005 umsatzstark wie noch nie. Bei den Markenartiklern scheint der Damm endgültig gebrochen zu sein und obwohl die Hersteller schnelldrehender Konsumgüter sich noch relativ bedeckt halten, lässt der allgemeine Trend auch dort auf ein Umdenken hoffen. Nach den jüngsten Prognosen des Bundesverbands Digitale Wirtschaft (BVDW) wird der Online-Werbemarkt in diesem Jahr einen Rekordumsatz verzeichnen können. (1), (5), (6)

Online-Werbung im Aufwärtstrend

Die verbesserten Rahmenbedingungen für die Werbung im Internet haben sicherlich einen großen Teil zum Wachstum beigetragen. Die technische Reichweite bewegt sich inzwischen bei über 50

Prozent und ist somit die beste Voraussetzung für das Internet um zum Massenmedium zu werden. Zudem steigt die Zahl breitbandiger schneller Anschlüsse konstant. Aufgrund verbesserter technischer Bedingungen ist es mittlerweile möglich, im Netz verstärkt mit bewegten Bildern und großflächigen Darstellungen zu werben. Ein weiterer Grund für die Stabilität und den Aufschwung der Web-Werbung liegt darin, dass Targeting-Möglichkeiten des Internets für viele immer offensichtlicher geworden sind. Junge Zielgruppen, zum Beispiel, die man über klassische Werbemittel mittlerweile immer schwerer erreichen kann, sind durch das Web wieder in greifbare Nähe gerückt. Das Internet ist zurzeit das alternative Kommunikationsmittel schlechthin und im Mediamix stark vertreten. (1), (2), (7)
So lag das Brutto-Werbevolumen (von Januar 2005 bis Juni 2005), laut Nielsen Media Research, bei EUR 173,1 Millionen. Das ist ein klares Plus von 24,4 Prozentpunkten gegenüber dem ersten Halbjahr 2004. (1)
Der Online-Vermarkterkreis prognostiziert laut eigener Hochrechnung für das Gesamtjahr 2005 einen Umsatz von EUR 490 Millionen allein in der klassischen Online-Werbung (im Vergleich 2004: EUR 385 Millionen). Die Umsatzerwartungen für die gesamte Online-Werbung, sprich klassische Online-Werbung plus Suchwort-Vermarktung plus Affiliate Marketing, liegen bei EUR 750 Millionen, einem

Drittel mehr, als im Vorjahr. Es ist mehr, als offensichtlich: Der Stellenwert des Internets für die Werbebranche hat eindeutig zugenommen, was nicht zuletzt an den veränderten Anforderungen an ein Werbemedium liegt. (1), (2), (5), (6), (8)

Schnelldrehende Konsumgüter sind noch immer schwach auf der Werbeplattform Internet vertreten

Branding und Abverkauf sind die Aufgaben, die ein Werbemedium heute gleichzeitig erfüllen muss. So ist das Internet für Produkte, die erklärt und vorgestellt werden müssen, ein wichtiges Content-Medium. (7) Haben viele Marketer, allen voran die Autoindustrie und Finanzdienstleister inzwischen für sich erkannt, dass genau das Web diese Aufgaben erfüllt und deshalb für sie ein geeignetes Werbemedium darstellt, so lässt die Online-Werbelaune bei Herstellern von schnelldrehenden Konsumgütern noch zu wünschen übrig. (2), (7), (9)
In der Autobranche stiegen die Spendings für Web-Werbung im ersten Halbjahr 2005 auf EUR 36 Millionen (plus 63 Prozent) und im Bereich Finanzdienstleistungen auf EUR 14 Millionen (plus 40 Prozent). Diese Zahlen bedeuten eine klare Bejahung

von Online-Werbung. Bei den Herstellern von Fast Moving Consumer Goods (FMCG) hält sich die Begeisterung offensichtlich noch in Grenzen. Im Gegenteil es wurde in den ersten Monaten dieses Jahres sogar weniger investiert als im Vorjahr. Die Hersteller alkoholfreier Getränke, zum Beispiel, investierten 82,9 Prozent weniger, die Ausgaben für Süßwaren und Schokolade reduzierten sich um 12 Prozent und bei Eiscreme sogar um 100 Prozent. Die Gründe für die Zurückhaltung sind unterschiedlicher Art. Zum einen besteht in diesen Bereichen noch die Meinung, dass Internet-Werbung noch nicht ausgereift genug sei und eigentlich noch immer in den Kinderschuhen stecken würde, zum anderen bemängelt man, dass noch keine Planbarkeit möglich sei. Von allen Seiten wird ungeduldig die neue Währung Internet Facts der Arbeitsgemeinschaft Online-Forschung (AGOF) erwartet. Man erhofft sich, dass eine gemeinsame Währung zum dammbrechenden Instrument für FMCG-Hersteller wird. (1), (7), (8), (10)

Offene Punkte

- Werden andere Medien durch den Aufwärtstrend des Internets als Werbemedium auf dem Werbemarkt

in geraumer Zeit nur noch eine untergeordnete Rolle spielen.
- Hält die Währung Internet Facts das, was sie verspricht und sich auch alle von ihr erhoffen?

Fallbeispiele

Grundlagenstudie zur Online-Werbung: Erfolgsfaktor Interaktion

Durchgeführt von der AOL AcadamyZiel: Ermittlung der Response-Treiber bei Werbung im Web
Befragte: 1020 Internetuser im Alter zwischen 14 und 69 Jahren
Ergebnis: Soziodemographische Merkmale des Users, wie zum Beispiel Alter, Geschlecht oder Bildung spielen nicht die entscheidende Rolle bei der Bereitschaft zur Interaktivität, wie man bisher angenommen hat. Auch die Nutzungserfahrung ist nur sekundär. Wirklicher Treiber von Response ist die Belegung des richtigen Werbeträgers und die Qualität der Website, die sowohl inhaltlich, als auch

gestalterisch ansprechend sein muss. Dementsprechend sollten Mediaplaner das Umfeld auswählen, das unmittelbar an den Erwartungen der Zielgruppe ausgerichtet ist. (11)

Studien zur Werbewirkung von Web-Werbung

Studie der European Interactive Advertising Association (EIAA)Inhalt: Befragung zu 200 Online-Kampagnen aus den Branchen FMCG, Automotive und Elektronik
Befragte: 160000 Personen in Gesamteuropa
Ergebnis: Die Online-Werbung bewirkte bei den Konsumartikeln den höchsten Anstieg der Kaufabsicht und hatte einen positiven Einfluss bei den Befragten in deren Einstellung zur jeweiligen Marke (1)

Studie von Masterfood
Durchgeführt gemeinsam mit dem Internet-Anbieter Freenet, dem Marktforschungsinstitut Nielsen und der Media-Agentur Pilot
Inhalt: Ermittlung der Auswirkungen einer siebenwöchigen Kampagne für die Schokoladenmischung Celebrations
Ergebnis: Schon nach zwei Wochen steigerte sich der Umsatz im stationären Handel um 3,8 Prozent.

Zudem erwies sich die Web-Werbung als kosteneffizient. (1)

Beispiel für eine Online-Kampagne im Bereich FMCG

Coca-ColaNeuestes Projekt: Coke Fridge
Unterscheidet sich grundlegend von den bisher durchgeführten Kampagnen
Früher: abgeschlossene Promotion, Aufbau einer Seite, alle zu sich holen und danach sofort Schluss
Heute: Aufbau einer neuen Plattform, die ständig mit einem neuen Programm aufgeladen wird, um zukünftig alle Aktivitäten in sich zu vereinen, auch die zur FIFA-WM 2006 (7)

Weiterführende Literatur

(1) Warten auf die dicken Fische
aus werben & verkaufen Nr. 35 vom 01.09.2005 Seite 081

(2) Web-Werbung erholt sich
aus HORIZONT 32 vom 11.08.2005 Seite 001

(3) Online-Motor springt endlich an
aus HORIZONT 32 vom 11.08.2005 Seite 017

(4) Online-Vermarkter Konsumgüter werben nicht
aus Der Kontakter Nr. 34 vom 22.08.2005 Seite 036

(5) Anstieg um mehr als ein Drittel
aus Kress.de vom 02.08.2005

(6) Virtuelle Werbung legt kräftig zu
aus Lebensmittel Zeitung 31 vom 05.08.2005 Seite 018

(7) Mit Relevanz und Reichweite
aus media & marketing Nr. 09 vom 07.09.2005 Seite 032

(8) O.V., Neues Rekordniveau, Online-Werbung mit Umsatzsprung, medien aktuell, 15.08.2005, S. 15
aus media & marketing Nr. 09 vom 07.09.2005 Seite 032

(9) Angekommen
aus HORIZONT 32 vom 11.08.2005 Seite 017

(10) Was lange währt ...
aus werben & verkaufen Nr. 35 vom 01.09.2005 Seite 083

(11) Mit Qualität zu Klicks Online-Werbung Die inhaltliche und gestalterische Qualität von Websites hat maßgeblich Einfluss darauf, wie stark Web-Nutzer mit Werbung interagieren, besagt eine neue Studie.
aus <e>Market Nr.15 vom 01.08.2005 Seite 007

Impressum

Online-Werbung - Das Internet behauptet sich immer mehr auf dem Werbemarkt

Bibliografische Information der deutschen Nationalbibliothek

Die Deutsche Nationalbibliothek verzeichnet diese Publikation in der deutschen Nationalbibliografie; detaillierte bibliografische Daten sind im Internet über http://dnb.d-nb.de abrufbar.

ISBN: 978-3-7379-0720-0

© 2015 GBI-Genios Deutsche Wirtschaftsdatenbank GmbH, Freischützstraße 96, 81927 München, www.genios.de

Alle Rechte vorbehalten. Dieses Werk ist einschließlich aller seiner Teile – z.B. Texte, Tabellen und Grafiken - urheberrechtlich geschützt. Jede Verwertung außerhalb der Grenzen des Urheberrechtsgesetzes bedarf der vorherigen Zustimmung des Verlags. Dies gilt insbesondere auch für auszugsweise Nachdrucke, fotomechanische

Vervielfältigungen (Fotokopie/Mikroskopie), Übersetzungen, Auswertungen durch Datenbanken oder ähnliche Einrichtungen und die Einspeicherung und Verarbeitung in elektronischen Systemen.